C. M. HERZOG

APHRODITE LIEBT URANOS
BALLADE

"Ein Stier, in dem ich gar kein Herz gefunden!
Dies ist ein Zeichen wider die Natur!
Selbst Caesar wird vom Schicksal nicht entbunden!"
sprach der Haruspex, ganz wie der Augur:
"Es kommt der Tag, da schallen Kriegeslieder
und prasseln alle Schwerter auf ihn nieder."

Bibliografische Information der Deutschen Bibliothek
Die Deutsche Bibliothek verzeichnet diese Publikation
in der Deutschen Nationalbibliografie;
detaillierte bibliografische Daten sind im Internet über
http://dnb.ddb.de abrufbar.

1. Auflage 2019

1st edition 2019

© C. M. Herzog

Photo: in memoriam Klaus Galovits

Herstellung und Verlag:

BoD – Books on Demand, Norderstedt

ISBN 9 783750 426924

Printed in Germany

INHALTSVERZEICHNIS

PER I MIEI CARI FRATELLI

PROLOG: KREIS DER STERNE

Der Geist entzündet sich am Weltenfeuer
der Urzeit, das die ganze Welt umspannt.
Doch eine Gottheit hält ganz fest das Steuer
des Sternenkreises, der im Nichts entbrannt.
Der Mensch entzündet siebenfach die Kerzen
und sieht den Widerschein in seinem Herzen.

Allein Verstand kann nicht die Wahrheit finden
und müht sich meist vergeblich, denn der Sinn
des großen Werkes lässt sich nicht ergründen,
tritt nicht ein Gott an seine Stelle hin:
Das Herz soll spüren, was die Worte sagen,
und muss den Willen prüfend hinterfragen.

Doch wie das Feuer sich im Geist ergießt,
so lodert auch das Inn're der Planeten
und schafft sich Denken, das zur Erde fließt,
wir spüren es, wenn wir zum Höchsten beten.
Auf dem Altar erglüht der Weihrauch hell
und steigt nach oben unbeirrt, nicht schnell.

So sinkt die Botschaft auch auf uns herab
von Venus, Merkur, Mars sowie der Sonne,
es liegt ja nur der Körper tot im Grab,
die Seelen aber freuen sich der Wonne.
Sie sind vereint den allerhöchsten Sphären,
die sie die Kunst der wahren Werte lehren.

So ist der Mensch, ganz klein in seiner Blöße,
ein Ebenbild des Alls, das ihn erhält.
Das Weltall, seine Sterne, seine Größe
des Menschen Abbild, das wohl nie zerschellt.
Die Harmonie, in der sie recht gerieten,
dient auch dazu, uns ewig zu behüten.

Es werde Licht! Hat Er es nicht gesprochen,
das erste Wort? Da Er im Anfang war?
Und waren es nur Tage oder Wochen,
bis einer Mutter Schoß den Mann gebar?
Selbst Millionen Jahre, die vergehen,
sind nur ein Tag, bis wir das Licht gesehen!

I. SHAKESPEARE ENTZAUBERT

Ich will nicht deinem Namen Neid verschaffen,
mein Shakespeare, sondern deinen Ruhm vermehren.
Doch loben deine Schriften höchstens Affen,
kein Mann auf Erden kann sich so bekehren.
Sie sind zwar wahr und aller Menschen Leiden,
doch keineswegs der schönen Musen Freuden.

Und wüsst' ich nichts, so strahlte doch ein Licht
auf deine Verse, die so edel klingen,
es ist nur Widerhall, sonst ist es nicht,
die Wahrheit lässt sich zufällig erzwingen.
Ein Lob, das aus dem bösen Herzen kommt,
es täuscht nur vor, was dir wohl gar nicht frommt.

Die Arglist, die du zeigst in deinen Werken,
ruiniert, was wahrlich sie zu fördern schien,
die Hure wird den Ruhm der Dame stärken
und nicht verletzen? Wird ihr dies verziehn?
Du aber bist gefeit vor aller Not,
vor ihrem Unglück und vor ihrem Tod.

Du Seele des Jahrhunderts, ich beginne
mit viel Applaus! Du Wunder deiner Bühne!
Mein Shakespeare! Welche Freude ich gewinne!
So steh doch auf, du meisterhafter Hüne!
Du wirst nicht einfach bei Beaumont begraben,
er muss nicht rücken, dich bei sich zu haben.

Du bist ein Denkmal, aber ohne Grab!
Du lebst, solange deine Zeilen leben.

Welch ein Genie, das diese uns hier gab
und uns gelehrt, auf Wolken gar zu schweben.
Ich zähle dich nicht zu den allergrößten
der Musen, eher zu den häßlich besten.

Du lerntest weder Griechisch noch Latein,
nur stümperhaft, kein Grund, dich so zu loben.
Doch riefe ich Euripides herein
und Sophokles von ihrem Sitze droben:
Lebt nochmals! Hört den lauten Stiefeltritt
des Shakespeare! Klatschet alle heftig mit!

Und trügst du Socken, die nach Käse riechen,
ich würde dich vergleichen allen Meistern
des alten Roms, der aufmüpfigen Griechen,
zu strahlen unter diesen großen Geistern!
So freue dich, mein England, denn dein Sohn
erhält aus ganz Europa reichen Lohn!

Nicht ein Jahrhundert ziert dein stolzer Geist,
nein, du warst für die Ewigkeit geboren!
Welch Balsam für die Ohren du uns weist
so wie Apoll, bezaubernd auf den Foren!
Und alle Musen werden jung und süß
und warten nur auf den, der Shakespeare hieß!

Selbst die Natur, die sich gewandt verkleidet
in das Gewand der wunderbaren Zeilen,
die du geschrieben, ach, sie selbst beneidet
die Kunst, in deiner Handschrift zu verweilen!

Kein andrer Geist soll sich den Ruhm erwerben,
der deinem gleicht, sonst soll er lieber sterben.

Wir pfeifen auf die Griechen, auf Terenz,
wir wollen Aristophanes nicht lesen!
Bei Shakespeare ist was los! Bei Shakespeare brennt's!
So etwas ist noch niemals dagewesen!
Selbst die Natur kehrt alten Meistern achtlos
den Rücken zu, denn sie ist leider machtlos.

Nicht der Natur erschallt mein großes Lob,
es sei denn, ihr in deine Kunst gekleidet,
denn die Natur allein ist viel zu grob,
der Dichter ist's, der froh ihr Werk erleidet.
Er ist ihr Lehrer. Sie ist jetzt die Mode.
Ist er wie du, wird die Natur marode!

Wer sich wie du so müht, ein Werk zu schreiben,
und schwitzt wie auf des Amboss' großer Hitze,
der wird danach nicht mehr derselbe bleiben
und sich verwandeln in dieselbe Grütze.
Und dächte ich, mein Urteil wird bestehen,
so sollte doch dein Ruhm nur nie vergehen.

So wird er das, was er nur formen will,
für diesen Lorbeer achtet man ihn nicht,
den guten Dichter. Unser Meister Will:
So wie sein Werk. Ein lebendes Gedicht!
Welch Wettbewerb um Shakespeares Werk und Sitten,
zu dem die weltgewandten Väter bitten!

In deinen Zeilen schwingst du eine Lanze
der Ignoranz entgegen, süßer Schwan!
Welch Kampf war es, im Wasser dich beim Tanze
zu sehen! Ja, die Themse zog dich an!
So sind Eliza und auch James nicht mehr!
Doch halt! Dein Bild bewegt mich allzu sehr!

Schon sehe ich dich in der Hemisphäre,
wo du ein Sternbild dir erschaffen hast!
So scheine weiter! Strahle deine Lehre!
Sie strahle mit der Wut, wie du gehasst!
Und sieh vor dir die schwindend kleine Bühne
nach deiner Flucht, mit wutentbrannter Miene.

Die Bühne trauert nur mehr Tag und Nacht
und weint gar sehr, seit du verschwunden bist.
Du hast ihr deines Werkes Licht gebracht,
damit sie es im Schlafe nicht vergisst.
Es werden weniger mit jedem Tage.
Du bist ein Meister, Shakespeare, keine Frage!

II. PARADISE LOST

Ein Löwe brüllte, und ein Falke schrie.
Ich stand am Tigris, vor dem Garten Eden.
Da schleuderte ein Cherub vor mein Knie
ein Flammenschwert und rief: "Ich warne jeden".
Sodann beschloss ich endlich, umzukehren
und mich zu flüchten zu den Weisheitslehren.

Der Engel sang das Lied vom Baum des Lebens,
den er bewachte vor der Schlangentücke,
doch streckte ich die Hand danach vergebens,
die mich nicht schützte vor dem strengen Blicke.
Da hörte ich des Cherubs Donnerflügel
und sah den Blitz von Gold im Wasserspiegel.

"Lebwohl, mein Wächter", flüsterte ich leise
und wollte unbemerkt nach Osten zieh'n.
"Du, störe niemals wieder meine Kreise!
Der Schatten vor der Sonne soll entflieh'n!"
War dies nicht Archimedes, den wir kennen,
der lehrte, Feindesschiffe zu verbrennen?

Mit Spiegeln lenkte er das Sonnenlicht
auf jedes mächtige Schiff aus festem Holz.
Der Krieger Schilder aneinander dicht,
sie bündelten die Strahlen voller Stolz.
Das Feuer brannte, erst nur ein paar Funken,
und bald war jedes Römerschiff gesunken.

In diesem Augenblick ward ich gewahr
des Meeres mit den sturmbewegten Wellen,

ich selbst jedoch war gar nicht in Gefahr.
"Musst du dich wirklich in die Sonne stellen?"
- "Was malst du deine Kreise in den Sand?"
Mir wurde klar, ich war in Griechenland!

"Und so verhält sich Kugel zu Zylinder",
ich lauschte voller Andacht seinen Worten,
"so rechnen in der Schule bald die Kinder."
Ich fühlte mich wie einst an Klosterpforten:
Die klugen Lehrer, die ich mir erworben,
die Mönche, waren keusch und unverdorben.

Da sah ich vor mir mit dem dritten Auge
ein Mädchen laufen, Myrrha war ihr Name.
Ein Mann schrie, dass sie wertlos sei, nichts tauge,
geboren zu des Vaters Last und Grame:
Sie habe sich im Schlaf auf ihn gelegt
und ohne, dass er's wusste, ihn erregt.

Der Vater trug daran ja keine Schuld,
denn seine Tochter sprach zu ihm kein Wort.
Dann fluchte er voll Eifer diesem Kult
und suchte, sie zu töten. Sie war fort!
Am Wegrand stand ein krummer Myrrhebaum
und weinte Harz. Es war kein böser Traum.

Die Liebe eines Mädchens zu dem Mann,
der sie gezeugt, der ihr sein Blut geschenkt,
sie ist tabu. Es lastet Schuld daran,
wenn eine Tochter auch an Beischlaf denkt.

So liebt den Uranos auch Aphrodite
als Tochter nur, aus Dank für seine Güte.

Dass sich ein Mädchen auf den Vater setzte
im Schlaf, erschien mir wahrlich liederlich.
Nicht nur, dass sie des Moses' Recht verletzte,
dies nur zu denken, fand ich widerlich.
Doch sollte sie nicht mit dem Tode büßen
für ihre Schuld, es sollten Harze fließen.

Dann stand ich vor dem Berge Sinai
und sah, wie Moses die Gesetzesplatten
zertrümmerte mit Schlägen, aber wie!
Von hier sah man der Götzendiener Schatten.
So rief er aller frommen Juden Scharen,
verdammte zornentbrannt des Volks Gebaren.

Die aber liefen zu dem goldenen Kalb,
erschlugen sie, selbst wenn sie Brüder waren,
das Götzenbild zersplittert, alles halb,
um kein Gesicht des Kalbes zu bewahren.
Die Opfer am Altare längst verbrannt,
das Angesicht vom Schlachten abgewandt.

Als ich am Morgen meine Augen rieb,
da hörte ich den Moses, zehn Gebote
dem Volk verkünden: "Weh dem feigen Dieb,
dem Lügner ... und dem Zauberer für Tote."
Die Strafe für die Inzucht war der *ignis*,
schon Moses glaubte: *vinces in his signis!*

"Du sollst nur dienen einem einzigen Gott
und keine Götter neben diesem schnitzen,
bewahre alles Heiligtum vor Spott,
du sollst kein *jod* von den Gesetzen ritzen.
Du sollst den Vater und die Mutter ehren,
nicht lügen, stehlen, morden, Unzucht mehren."

III. GOLDENES EI DER NACHT

Im Anfang aller Dinge war die Nacht,
ein schwarzer Vogel, sie empfing vom Wind
ein silbernes Ei, das sie hervorgebracht:
das Universum als ihr einziges Kind.
Aus diesem Ei der Nacht ward er entsprungen,
der Eros, den die Alten schon besungen.

So öffnete sich endlich dieses Ei,
gelegt vom Vogel, der vom Wind empfing,
es teilte sich, die Schale sprang entzwei:
Sie ward zum Himmel, der dort droben hing.
Durch Eros war der Obere verbunden
der Mutter Erde unten alle Stunden.

Der Himmel oben kam zu ihr hernieder
und sie gebar den ersten der Titanen,
der Himmel kam zur Erde immer wieder,
und sie empfing der jungen Götter Ahnen.
Doch Kronos mit der Sichel sprach: "Genug!",
obwohl die Mutter die Titanen trug.

Der erste Gott, den diese Welt gesehen,
war Eros mit den Flügeln, der die Liebe
den Lebenden gebracht, um zu verstehen,
sie war zuerst, erst dann die Kraft der Triebe.
Die Liebe kam herab zu allen Wesen,
selbst für die Götter war ihr Duft erlesen.

Die Liebe, die in aller Herzen wohnt,
sie war im Anfang, als die Welt begann,

die über den Beseelten allen thront
und sie erfüllt mit ihrem Zauberbann.
Die Liebe dringt durch alles in der Welt
als Kraft, die alles bindet und erhält.

Kein Wasser kann die Liebe mit sich reißen,
kein tiefes Meer, kein Strom kann sie ertränken.
Wenn alle Enden dieser Erde kreißen,
sie wird die Liebe nicht im Grund versenken.
Kein wildes Feuer wird sie je verbrennen
in seiner Glut, wenn wir die Liebe kennen.

Wenn einer alles Gold der Welt besäße
und Kostbarkeiten, Silber, Edelstein,
doch auf die Herzensliebe ganz vergäße,
so wäre wahrlich nichts auf Erden sein.
Ja, aller Reichtum, der im Hause wohnt,
ist wertlos, wenn darin die Zwietracht throhnt.

Denn ihr Gesang vereint sich Engelschören,
so hell und klar, die Stimme zauberhaft,
sie kann den Toren selbst die Weisheit lehren
mit ihrer innerlichen Zauberkraft.
Die Liebe wird geschenkt, sie endet nie,
ein Elixier der Kraft und der Magie.

Da fasste ein göttlicher Schauder mein Herz,
ich hört die himmlischen Sphärenklänge,
ich kniete mich nieder, und himmelwärts
erhob ich den Blick aus der düsteren Enge:

Die Engel, sie sangen die Lieder so süß
und kündeten mir schon das Paradies.

Ihr Menschen auf Erden, es ist nicht verloren
der grünende Garten, der blühende Wein,
ihr seid nur zur Prüfung auf Erden geboren
und werdet einst ewig im Garten sein!
Ihr nascht von den Beeren, die Gott euch gegeben
und erbt nach dem Tode das ewige Leben.

Dort werdet ihr finden, die von euch gegangen,
ihr stimmt in das Loblied der Seligen ein,
ihr findet die Taten, die euch einst gelangen,
und ihr tretet ein in des Göttlichen Hain.
Die Schuld, die im Leben auf euch ihr geladen,
sie wird einst vergeben, es wird euch kein Schaden.

Ihr findet die Lieben, die von euch gegangen,
um die ihr geweint in der dunkelsten Nacht,
dort drüben ist Licht, hier die Wolken verhangen,
dort drüben erwartet euch himmlische Pracht.
Es gibt keine Tränen am anderen Ufer
des Jordans, so hört doch den fröhlichen Rufer!

Sucht ihr eure Freunde? Sie leben ja weiter,
elysische Felder sind vor ihren Augen,
sie warten auf euch, und sie stimmen euch heiter,
vergesst eure Tränen, die drüben nichts taugen.
Wo sind eure Lehrer? Sucht ihr nach den Toten?
Sie leben und handeln nach Gottes Geboten!

Die Seligen drüben sind lange entbunden
von Prüfungen, die sie auf Erden gekannt,
auch ihr werdet einst von den euren gefunden
und kommt in ein prächtiges werdendes Land.
Vergesst eure Ängste, vergesst eure Sorgen,
es wartet auf euch ein viel schöneres Morgen!

Und dann stand ich auf mit den Augen voll Tränen
und konnte kaum glauben, was ich vor mir sah:
Ich sah einen Weinstock, ich spürte ein Sehnen
und war den Geliebten dort drüben ganz nah.
Ich nahm eine Feige aus Salomons Garten.
Ich brach diese Frucht. Ja, noch muss ich warten!

IV. ALLE DINGE SIND LEER
万勿空集

Ein Mönch aus China wollte mich belehren,
als ich ihn traf im Reich der goldnen Mitte.
"Du sollst den wahren Buddha nur verehren
in deinem Herzen, das sei meine Bitte.
Denn alle Dinge sind in Wahrheit leer,
sogar der Körper, er ist allzu schwer.

Die Blumen und die Menschen und die Tiere,
dies alles leer, nur Windhauch, der vergeht,
sie ist zwar imposant, die Kraft im Stiere
im Kampf, den er mit aller Wucht besteht.
Doch nur die Herzensbildung ist solid,
dies kann der Mensch. Und sei er mongolid."

Ich fragte diesen Mönch: "Ist er zu spüren,
der Buddha, der in meinem Herzen wohnt?"
- "Du kannst ihn finden, musst ihn nicht verlieren
im äußeren Schein, die Mühe wird belohnt.
Es ist des Herzens Denken ohne Worte
und ganz im Augenblick von dieser Sorte."

"Ich denke mit dem Kopf", hielt ich entgegen
dem Meister, der mir nun den Sinn erklärte:
"Gedanken, die sich in der Stille regen,
lass' einfach zieh'n! Sie sind nur das Verkehrte.
Sei gut zu allen Menschen, zu den Tieren,
tu Gutes, lass dich nur vom Herzen führen!"

Der Alte schenkte mir ein Amulett
aus Stahl, mit vielen unbekannten Zeichen.
Am Abend ging ich nachdenklich zu Bett,
und seine Worte wollten nicht mehr weichen.
Die Weisheit sollte sich mir offenbaren,
und dennoch war ich gänzlich unerfahren.

Ich trug das Amulett am nächsten Morgen
und reichte ihm zum Abschied meine Hand.
"Mach' dir um leere Dinge keine Sorgen!",
der Meister hatte meine Angst erkannt.
"So lebe wohl, bis wir uns wiedersehen
in einer Welt, die wir noch nicht verstehen!"

Vor meinen Augen sah ich ihn entschwinden
und tauchte die Moschee von Mekka auf.
"Wir werden einst einander wiederfinden",
so dachte ich, "und ich bin stolz darauf!"
Ich sah den Scheich vor siebzig Jungkamelen
und sah die Pilger, sich vor Hunger quälen.

"Der Wüstenweg ist weit und auch beschwerlich,
so steigt auf eines dieser Wüstenschiffe;
dann ist die Hedschra nicht mehr so gefährlich
für euch Araber." Wenn ich doch begriffe!
Der Scheich erklärte mir auf meine Fragen
den großen Pilgerzug in diesen Tagen.

Einmal im Leben um die Kaaba gehen
und diese siebenmal im Marsch umrunden,

nur einmal jenen schwarzen Stein besehen,
ihn küssen, um von Krankheit zu gesunden.
Nach einer Hedschra ist die Schuld vergeben
und segnet Gott des Muslims ganzes Leben.

Ich setzte mich zum Scheich, der dies gewährte
in seiner Muße, denn er ließ sich Zeit.
Vor den Kamelen saß er ruhig und lehrte
mich den Islam ganz ohne Schimpf und Leid.
Er sah mein Amulett. Ich freute mich.
"Kein Djinn wird dich verderben ewiglich!"

"Denn Gott schuf nicht nur Erde, Mensch und Tier,
Gewürm, die Vögel, Fische und die Pflanzen.
Im Anfang waren zwar sie alle hier,
doch Wesen selbst aus Feuer ließ er tanzen.
Und auch die Djinns, die den Qur'an empfangen
wie Menschen, spürten bald ein frohes Bangen!

So manches Feuerwesen dient Allah
und hält sich an die Regeln aus den Suren.
In Auen und der Wüste Gott ganz nah
bescheiden sich so manche Frohnaturen.
Doch andre Djinns sind böse, und sie quälen
den Menschen, dem sie die Gedanken stehlen.

Mal schreien sie ganz schrill um Mitternacht
und schrecken einen Träumer aus dem Schlafe,
dann wieder wird ein Feuer dort entfacht,
die bösen Djinns befürchten keine Strafe.

Doch wisse wohl, die wahre Ausersehung
erfahren wir am Tag der Auferstehung!

Ob Mensch, ob Djinn, es gelten die Gesetze
von Gott für alle und in gleichem Maße.
Es fürchte jeder, dass er sie verletze,
denn nach dem Tode gibt's nur eine Straße:
Hinauf zum Garten, wo die Flüsse fließen,
hinab zum Feuer, wo die Götzen grüßen.

Im Garten blühen Trauben, alle Arten
von Vögeln fliegen zwitschernd durch die Luft;
dort siehst du Frauen auf die Männer warten
und atmest aus der Ewigkeit den Duft.
Im Gehinnom jedoch, da brennen Steine,
halb tot, halb lebend sündige Gebeine.

Es ist die Flamme, die nie mehr erlischt,
und jammernd schreien die verdammten Seelen,
wenn alles Höllenfeuer um sie zischt,
zu jenen, die das Gute sich erwählen:
Holt uns hinauf, es reut uns unsre Schuld!
Wir bitten Gott um seine gnädige Huld!

Die oben stehen, rufen dann hinab:
Ihr habt im Leben alles Gut genossen,
ihr habt geschaufelt euer eigenes Grab,
Blut der Propheten habt ihr einst vergossen.
Bleibt fern dem Garten, wo die Flüsse fließen
und alle guten Gaben für uns sprießen!"

24

V. DAS ERSTE WORT

Ich hörte Mantras wie mit fremden Zungen
im Rhythmus, mit den ewig selben Sätzen;
Gebet der Hindus, das erst fremd geklungen,
und doch gehört es zu den reichsten Schätzen.
Und als ich lauschte, *Hare Hare Om*,
da fühlte ich mich wie in einem Dom.

Im Trommeltakt verlor ich meine Ängste
und war ganz plötzlich nicht mehr aufgewühlt.
Das Mantra, das von allen Liedern längste,
das ich in meinem Herzen bald gefühlt:
Es ließ mein Denken einfach innehalten
im gleichen Takt, in dem die Töne schallten.

Auf meinen Lippen Om, das erste Wort
im Anfang, als der Mensch sich aufgerichtet
mit seinem Blick zum Himmel an dem Ort,
an dem er gleichsam einen Gott gesichtet.
Om sprach er durch die göttliche Belehrung
und kniete endlich nieder in Verehrung.

Das Mantra fasste mich in meinem Herzen
und Denken mit der eindringlichen Wucht,
ich sah die Menorah mit sieben Kerzen
und spürte in mir Leere ohne Flucht.
Ich lieh mein Ohr: Ich lauschte diesem Klang,
der durch den Kopf in meine Seele drang.

Ein jedes Mal, wenn ich des Lebens Bürde
nicht mehr ertrug, war diese Last zu schwer,

erging ich mich in des Gesanges Würde.
"Lass los, mein Herz! Mein Denken ist ganz leer."
Ich ließ mich von den Worten einfach tragen
und musste nicht mehr an Problemen nagen.

So sah ich einen Hindu ganz vergessen
vor einer Schlange wie von Marmor sitzen.
Wie wenig Lebenszeit war mir bemessen?
Wie konnte ich mich vor der Cobra schützen?
Es war Gott Shiva. Er, der stets zerstört.
Doch ward ich eines Besseren belehrt.

Der Hindu sang, die Melodie war leise,
doch eine Wohltat für geprüfte Seelen,
dabei vollführte er ganz enge Kreise.
Der Chorgesang war laut, aus Männerkehlen.
Und immer schneller wurden ihre Lieder:
Ein Gott erwachte! Shiva schützt die Brüder!

Dann sah ich ein paar junge Frauen schreiben
auf einem Blatt Papier das heilige Wort.
Sie wollten sich bestimmt die Zeit vertreiben
und hielten es ins Feuer. Es war fort.
Sie legten auf die Zunge sich die Asche,
die heilige, an der ich auch gern nasche.

Da zog mich eine dunkle Wolke weg,
ich folgte ihr und merkte voll Erschrecken:
Nun stand ich mitten in dem Waldversteck
der Affen, um den Menschen zu entdecken.

26

Doch diesmal war das erste Wort das "*Jah*".
Das Wort war Gott. Und ich war ihm ganz nah.

Mit diesem Wort ward Religion geboren,
die niemals untergeht und die noch nie
den einen G'tt des Weltenalls verloren,
der schuf die Erde, Menschen und das Vieh.
War treulos auch das Volk, so schrien Propheten
zum Ewigen, zu dem schon viele flehten.

Und welches Volk? Es waren wohl die Juden,
die Abraham als ihren Vater ehren,
die sich wie alle erst mit Schuld beluden,
um endlich in Beschämung umzukehren.
Die andern sah man noch den Götzen dienen,
die Juden aber ihre Schuld bald sühnen.

Als Jitzchak auf dem Berg von seinem Vater
als Opfer auf den Stein gefesselt lag,
da hörte Abraham den Heilsberater:
"Was willst du hier mit deinem Sohne, sag?
Du, der sich treu für meinen Dienst entschloss:
Lass Jitzchak leben! Töte nicht den Spross!"

Die Völker ringsum pflegten diese Riten
für ihre Götzen, die aus Holz geschnitzt.
Die Ersten, die zum Licht des Seins gerieten
in blinder Nacht, die kein Gesetz geritzt:
Es waren Juden, die den G'tt erkannten
und diesen Ewigen beim Namen nannten.

Die Juden hüteten das Menschenleben
sowie die Erstgebor'nen von den Knaben,
so sollte es nur Vieh als Opfer geben,
Speis und auch Trank von allen guten Gaben.
Von den Altären stieg der Opferrauch:
Kein Jude opferte nach altem Brauch!

Ringsum die Völker, die sich darin sonnten,
erschufen Götzen. Wie sie darauf schielten!
Sie hatten Augen, die nicht sehen konnten,
sie hatten Hände, die jedoch nicht fühlten.
Sie hatten Ohren, doch sie hörten nicht.
Ein Mund aus Holz, der keine Worte spricht.

Und selbst die Felsen waren ihre Götter,
je größer, desto mächtiger und höher.
Doch diese waren leblos, keine Retter
im Elend, doch es ehrten sie die Seher.
So schlagt dem Größten seinen Schädel ab!
Die kleinen Götzen schickten ihn ins Grab.

Da fiel mir ein, wie der Qur'an mich lehrte
von Abraham, der Götzendiener suchte
und ganz umsonst zum wahren G'tt bekehrte:
Sie hörten nicht. Sie hörten, wie er fluchte.
Den Felsen schlug er ab, den sie verehrten,
weil sie dem Volk die Menschlichkeit verwehrten.

VI. ADAMS ERSTE FRAU, LILITH

Gott schuf den Mann und schuf die schöne Frau
mit Namen Lilith, die an Adams Seite
ihm nicht zu Diensten war; wie Morgentau,
so flossen ihre Tränen bei jedem Streite.
Das blondgelockte Haar, die Augen braun,
der süße Mund, gar lieblich anzuschau'n.

Doch ebenbürtig war die Frau dem Manne
an Klugheit und an Kraft, so wollte sie
ihn an sich binden mit dem Zauberbanne
der Weiblichkeit, vereint mit dem Genie.
Was Adam seinerseits nicht anerkannte
und sie sein Weib und Untertanin nannte.

Als Adam mit der schönen Frau verkehrte,
und suchte, sie voll Stolz zu unterwerfen,
war's Lilith, die den Obersitz begehrte.
So musste er den Tonfall wohl verschärfen.
Sie floh geschwind aus Gottes Garten Eden
und nahm sich vor, mit Männern nicht zu reden.

Als Gott aus Adams Rippe Eva schuf,
so war sie auserseh'n, dem Mann zu dienen,
das Kochen und die Kinder ihr Beruf,
so schön war ihr das Paradies erschienen!
Als sie von Liliths Existenz erfahren,
da rupfte sie sich Büschel aus den Haaren.

"Und diese Nachtdämonin, ganz gewiss,
verführt den Adam, der nur mir gehört!

Sie schnappt nach seiner Lippe, nur ein Biss,
und gleich ist er von ihrem Charme betört."
Der Sage gingen viele auf den Leim:
Die Lilith sucht die Neugebor'nen heim!

So war es bei den Alten lange Brauch,
den Kindern Amulette umzuhängen,
und Zauberschrift verbrannten sie im Rauch,
um die Dämonen aus dem Haus zu drängen.
Sie nahmen Zuflucht bei der Engel Namen
wie Raziel, die aus dem Himmel kamen.

Die Kabbalah enthielt das Alphabet
sowie den Zauber mit den sieben Planeten.
"Wenn ihr wie ich das *tav* und *aleph* seht,
so sehe ich euch vor den *Keter* treten:
Die Krone ist, wo es kein Ende gibt
und alles Göttliche dich fasst und liebt!"

Ich sah so manchen Zauber armer Juden
vor tausend Jahren, als die Masse tobte,
die manchen Wanderer zum Mahle luden,
der nicht nur ihre Gastfreundschaft hoch lobte.
Sie hielten ihre alte Schrift am Leben
im Glauben, dass die Zeichen Sinn ergeben!

Ein Rabbi formte einen Mann aus Lehm
und schrieb auf seine Stirn das Wort *emet*.
Der Golem war erwacht, gehorchte dem,
der ihn am Ende sterben ließ durch *met*.

Durch *Wahrheit* ward der Diener aufgeweckt,
durch *tot!* auf seine Totenbank gestreckt.

Der Golem diente nur zum Wassertragen,
doch keiner hielt ihn auf, bis überfloss
die Synagoge. Schnell den Rabbi fragen,
was tun? Und wie sich all das Nass ergoss!
Der Rabbi nahm den Odem ihm zur Gänze,
denn dieser Lehmmann kannte keine Grenze.

Da aber wandelte sich schon die Szene,
als ich den Südwind spürte auf der Haut.
Auf Meereswellen schaukelten die Kähne
der Fischer, und ich sah die stolze Braut.
Sie eilte mit dem Gurt und Mandelschalen
zu einem König, zierlich in Sandalen.

Wer war die schwarze Braut mit langen Locken
und Zähnen weiß wie Schafe aus dem Bade?
Die Mädchen sah ich tanzen zu den Glocken,
sie trugen Silberschmuck verziert mit Jade.
"Tanz nur den Reigen, dreh dich, Shulammit!
Wir seh'n dich an und singen alle mit!"

Da sah ich auf der Sänfte einen Krieger,
der Rauch der Myrrhe hüllte diesen ein.
Er kam in Purpur, wohl ein stolzer Sieger,
vielleicht der König, mochte er es sein?
"Was starrt ihr auf Shulammit, die sich dreht?
Wisst ihr denn nicht, wer wahrlich vor euch steht?"

Da wusste ich, die vielen starken Reiter,
gegürtet mit dem Schwert an seiner Seite,
bewachten Salomon, es waren Streiter
für dieses Königreich ihm zum Geleite.
Der Tag der Hochzeit, die sein Herz erfreute,
im Angesicht der Braut, die sich noch scheute.

Ich sah die Löwen, sah den Thron aus Gold,
die achzig Königinnen, die ihn liebten,
und sah, Shulammit war dem König hold,
dass diese Freude keine Laster trübten.
Die Königsmutter gab ihm ihren Segen,
und er versprach ihr Schutz auf allen Wegen.

Doch ein Geheimnis quälte seine Braut
in ihrem Herzen, das sie niemals teilte:
"Warum der König nur auf alle schaut?",
bis sie am Ende nicht mehr bei ihm weilte.
Der König schrieb mit seines Herzens Blut
das Lied der Lieder von der Gottesglut.

VII. ROMULUS UND REMUS

Der Kriegsgott Mars drang in den Tempel ein,
wo die Vestalin Rhea Silvia lebte,
er nahm sie mit Gewalt im Vestahain
und sie ward schwanger, während er entschwebte.
Als ihre Zwillingskinder erst geboren,
ward die Vestalin schon zum Tod erkoren.

In einem Weidenkorb am Tiber trieben
die beiden Knaben, wurden angespült,
sie schrien, sie weinten voller Angst dort drüben,
als eine Wölfin Zuneigung gefühlt.
Und *Mamma lupa* säugte diese Münder
und brachte in die Höhle ihre Kinder.

Ein Schweinehirt in Rom ging in den Wald
und fand die beiden Buben, die süß schliefen.
Er nahm sie an sich. War er auch schon alt,
er trug sie heim, so schnell die Füße liefen!
Er kannte die Vestalin: Eingemauert
fand sie der Tod! Was er voll Schmerz bedauert.

Und Romulus und Remus, Findelkinder
aus einem Wald ganz nah dem Flusse Tiber,
sie wurden einst der Weltstadt Mauergründer,
denn einer baute, einer sprang darüber.
Der baute, Romulus, erschlug voll Wut
den Remus und befleckte sich mit Blut.

Denn heilig war die Mauer dieser Stadt,
kein Fremder sollte je sie überwinden,

so starb der Bruder an der Fremden statt
und sollte seine letzte Ruhe finden.
"Wer über diese Mauer springt, sei tot!"
Das Wort des Romulus und sein Gebot.

Der Sohn des Mars jedoch war nicht verloren
und herrschte nun als König und Gebieter,
er ward von einer Priesterin geboren
und nunmehr selbst des Schreins der Götter Hüter.
In welcher Pracht, in welchem Glanz er lebte
und nach der Achtung seines Vaters strebte!

"In diesen Mauern baue ich die Stadt
und niemals soll ein Feind sie niederreißen,
der starke Arm des Kriegers wird nicht matt,
wenn alle Schilder in der Sonne gleißen.
Vereint als Römer wollen wir befrieden
Barbarenland, wie uns von Mars beschieden."

Ich spürte wohl, die Stadt war nicht gewöhnlich
wie andere, die lautlos untergehen,
und wünschte mir mit einem Male sehnlich,
des Romulus Vergöttlichung zu sehen.
Der Donner rollte, und die Blitze flogen,
als ihn die Wolken schnell zum Himmel zogen.

Schon bald war der Gewittersturm vorbei
und legten sich die Winde nach dem Regen.
Den König sah ich nicht mehr, nur Geschrei
von Gänsen schallte mir von fern entgegen.

Quirinus war wie Mars ein Gott des Krieges
und Vater wie auch Sohn Garant des Sieges.

Da spürte ich den heißen Wind des Südens
auf meiner Haut, ich hörte lautes Klagen,
ich wandte mich, in einer Stadt des Friedens,
in Uruk, sah ich Gilgamesh verzagen.
"Er ging zur Unterwelt und kam nicht wieder
zu mir zurück, und dennoch sind wir Brüder!"

Bald wusste ich, der König hier im Lande
beweinte seinen Freund mit vielen Tränen,
denn es vereinten sie die Brüderbande,
Enkidu war des Königs ganzes Sehnen.
"So gehe ich denn in die Unterwelt
und suche den, den man mir vorenthält!"

Die Ältesten der Stadt, sie rieten weise
dem Gilgamesh, nicht diesen Weg zu wagen.
"Geh nicht in deinem Schmerz auf diese Reise!"
so hörte man die Alten warnend sagen.
Der König schlug die Warnung in den Wind
und machte sich auf seinen Weg geschwind.

Er suchte den, der nach der großen Flut
sein Leben noch behalten, um zu bitten
um die Unsterblichkeit, das höchste Gut,
und seinen Freund, um den er so gelitten.
Er fand ihn, der nach jener großen Flut
sein Leben noch behalten, voller Mut.

Und Gilgamesh bat um Unsterblichkeit
den Alten, der noch lebte nach der Flut.
Der Weise aus der Arche stand bereit:
"So schlafe nicht, und dann wird alles gut!
Sechs Tage, sieben Nächte sollst du wachen,
so wird die Glut des Lebens sich entfachen!"

Der König mühte sich: Die müden Lider,
sie senkten sich herab, bald schlief er ein.
Von seiner Fahrt ermüdet seine Glieder,
sie sanken hin, er schlief so wie ein Stein.
"Sechs Tage, sieben Nächte willst du schlafen?
So wird man dich mit Sterblichkeit bestrafen!"

Und Gilgamesh erschrak aus seinen Träumen.
Der Weise stand vor ihm mit ernstem Blick:
"Du musstest diese Prüfung ja versäumen,
denn vor dem Tode gibt es kein Zurück."
Der König war darob den Tränen nah,
obwohl nur er den alten Weisen sah.

"Ich musste diese Prüfung wohl versäumen,
denn dies bestimmt mein irdisches Geschick.
So schrak ich auf aus meinen schönen Träumen,
denn vor dem Tode gibt es kein Zurück!"
Er wandte sich, nach Uruk heimzukehren
mit schwerem Herzen, um sein Volk zu lehren.

VIII. DAMOKLES UND DAS SCHWERT

Damokles schmeichelte dem Stadttyrannen,
er möchte auch ein solches Leben führen
in Glück und Reichtum, alle Not verbannen
und freudvoll junge Damen sich erküren.
Er wünschte wohl die ewige Herzensfreude,
fernab dem Joch, der Müh und allem Leide.

Doch der Tyrann ward stets geplagt von Angst
vor Mördern, die ihn einst erdolchen möchten.
"Wenn du genauso um dein Leben bangst",
so dachte er, "dann werde ich dich knechten!"
In Wahrheit freute er sich ungemein,
denn er ertrug das Unglück nicht allein.

So ließ er Damokles zu Tische liegen
vor einem Festbankett voll guten Gaben,
die Milch von Schafen und das Fleisch von Ziegen
und tausend Früchte, sich daran zu laben.
Der junge Schmeichler freute sich gar sehr
und statt genug begehrte er stets mehr.

Die vielen Tänzerinnen, die kokett
zum Harfenspiel sich drehten und bewegten,
die dunklen Sängerinnen, die adrett
sich neben Damokles zu Tische legten:
Weintrauben reichten Sklaven ihm zum Munde
und andre Honigwein zur selben Stunde.

So ließ sich wohlgemut ergötzlich leben
im Überfluss, der ihm nunmehr beschert.

Himbeere, Walnuss und die schwarzen Reben,
der Marmorkrug, all dies war Goldes wert.
Damokles' Antlitz, einstmals trüb vom Neide,
in diesem Luxus, strahlte voller Freude.

Vom Wein beschwingt, hob sich sein froher Blick,
und da gewahrte er das hängende Schwert
an einem Rosshaar: "Dies heißt also Glück!"
so rief er aus. "Das Mahl ist gar nichts wert!
Soll ich für eine prächtige Orgie sterben
und mir dafür ein Monument erwerben?"

Dann sprang er auf und ließ die Frauen stehen,
er wandte sich nicht nach den Sklaven um.
Ich sah ihn laufen, seine Haare wehen!
Erst war er gierig. Jetzo ist er stumm.
"Um welchen Preis Tyrannen sich erkaufen
die Macht! Um blindlings in ein Schwert zu laufen."

So sprachen die, die des Tyrannen Rasen
erlitten in der höchsten Seelennot,
die aber ihre Götter nicht vergaßen.
"Wenn er vernünftig wird, dann ist er tot!"
Der da war innerlich jedoch voll Bangen
vor Rache der Erinnyen, die ihm sangen.

"Gewalt erzeugt Gewalt. Nicht ewig währt
ein Reich, das auf vergoss'nes Blut gegründet.
Ein weiser König wird jedoch verehrt,
doch wissen wir, dass man ihn selten findet."

- "Wer spricht zu mir? Ein Engel, den ich sehe?"
Dann sah ich Salomon in meiner Nähe.

Ich wusste, seine Herrschaft war gerecht.
Er herrschte mit dem Schwert, das Volk zu einen.
Es war ein friedlich handelndes Geschlecht
und nicht verdorben, wie nur Dumme meinen.
In seiner Jugend zu der Demut Lohne
verzierte Weisheit seine Königskrone.

Kein Untertan in seinem Reich entbehrte
des Weinstocks und der Feigen, die ihn nährten,
ein jeder, der die Rebenfrucht verzehrte,
zog diese in den eigenen grünen Gärten.
"Und frisches Öl für euer schwarzes Haar
und weißes Kleid sei niemals allzu rar!"

Und Silber war soviel wie Kieselstein
in Israel, als Salomon regierte.
Wer mochte dann schlau wie ein Ziesel sein,
den nicht der weise König überführte?
Er übertraf die Herrscher dieser Erde
und kannte wohl die Schäfchen seiner Herde.

Um Weisheit bat er, vor dem Augenlicht,
vor schönen Frauen, vor des Reichtums Macht.
Denn alle Kostbarkeiten taugen nicht,
verglichen mit der Gottesgabe Pracht.
So wollte er nur eines sein eigen nennen:
Die Weisheit, um Verborgenes zu erkennen.

"Er kannte die Füchse, die flohen und kamen,
die Hirsche, die Rehe, die Kälber und Rinder,
er kannte die Wege der Fische, die Namen
der Käfer und Vögel, der Guten und Sünder.
Sein Wissen vermehrte das tägliche Grübeln
und riefen die Spatzen schon bald von den Giebeln.

Gefiederte fingen sich oftmals in Netzen
bestreut mit den Federn zu ihrem Verderben,
so sollte der Mensch sich in Ränke nicht setzen,
sonst würde derselbe durch Torheit früh sterben.
"Auf Gassen und Straßen mischt sie ihren Wein,
die Weisheit, und ladet die Dummköpfe ein.

Wie lange, ihr Toren, frönt ihr noch der Torheit?
Wie lange, Betörte, liebt ihr noch die List?
Seht doch, ich komme aus ewiger Vorzeit
als erstes Kind Gottes, wie ihr wohl wisst?
Er senkte die Abgründe in ihre Tiefen,
ich sah ihm zu, als die Menschen noch schliefen.

Er hob die Gestirne zum Himmel hinauf
und machte die Lichter für Tag und für Nacht,
er trennte der Wasser gemeinsamen Lauf,
ich sah, wie er all diese Werke vollbracht.
Dann schuf er die Tiere, im Meer und zu Lande
und trennte das Wasser vom sandigen Strande.

Den Menschen erschuf er aus klebrigem Lehm
und ließ ihn nicht einsam die Tage verbringen,

er gab ihm die Frau, doch sie war bequem,
nahm von den Äpfeln, die unbemerkt hingen.
Gott fluchte der Schlange und hielt das Gericht.
Und dennoch verließ er die Menschen nicht!"

IX. KRONOS UND URANOS

Sohn Kronos war entschlossen zum Verrate
am Vater, mit der Sichel in der Hand:
Als Uranos sich Mutter Erde nahte
in voller Manneskraft, ward er entmannt.
Des Himmels Samen und sein stolzes Blut
fiel in das Meer, ging unter in der Flut.

Auf einmal quoll der Schaum aus blauen Wellen
und eine Venusmuschel tauchte auf;
sie war geschlossen, drohte zu zerschellen
an einem Felsenriff in ihrem Lauf.
Sie war gar wunderbar in ihrer Größe
und leicht verwundbar durch die Kraft der Stöße.

Doch Kronos, Sohn des Himmels und Titan,
genoss den Ruhm, dass er mit Heldenkraft
abhieb des Vaters Glied, man sah ihm an,
dass er gewann, was man nur selten schafft:
"Die Königsherrschaft in der goldenen Zeit
gehört dem Kronos, der den Kampf nicht scheut!"

Am Abend stand ich einsam vor dem Meer
und sah die Muschel steigen aus den Wogen,
schon halb geöffnet, trieb sie ruhig daher.
Ich dachte, dass mich meine Sinne trogen:
Da war ein nacktes Mädchen, das entstieg
der Muschel und verkündete den Sieg!

Sie war das Kind des himmlischen Titanen
und eine Göttin, die die Alten ehrten,

42

so brachte sie auf Erden jenes Ahnen
vom Liebesglück, das nie Intrigen störten.
Man nannte diese Göttin Aphroditen,
der Liebende die Ehre gern entbieten.

Als Kronos seine Kinder aufgefressen,
damit nicht einer nach der Herrschaft griff
(denn solches Trachten wäre ja vermessen),
da schickte Rhea einen Sohn aufs Schiff.
Er war geborgen in der Felsenhöhle
auf Kreta, dass ihn nicht ein Unhold stehle.

Das Kleinkind wuchs zu einem starken Manne
mit Namen Zeus, der höchste aller Götter.
Er unterlag nicht Kronos' mächtigem Banne
zu fressen, wer ihn stürzt, und ward zum Retter:
Aus Vaters Bauch befreite er die Geschwister,
denn deren Schicksal war zuvor noch trister.

Die jungen Götter standen nun geeint
zum Kampf vor ihrem Vater, der sie hasste.
Die Mutter Rhea, die gar sehr geweint,
erkannte, dass dies Kronos gar nicht passte:
Er wütete im Kampf mit allen Jungen
und hätte sie ein zweites Mal verschlungen.

Nach seinem Sieg trat Zeus die Herrschaft an
auf dem Olymp, wo alle Götter wohnten,
er sprach nur: "Ihr Titanen, denkt daran,
dass eure Taten sich für euch nicht lohnten.

Ihr werdet in den Tartaros verbannt,
da ihr nur Unheil treibt in eurem Land!

Denn sieben Tage, sieben Nächte fällt
ein Amboss abwärts von den Höhen droben.
Und sieben Tage, sieben Nächte fällt
der Amboss in den Tartaros von oben.
Dort unten gibt's in Fesseln kein Entkommen:
Nie wieder wird von euch ein Wort vernommen."

"Doch sagen die Dichter, es gab gar kein Leid
als schon die Olympier als Götter regierten
in jener vergangenen goldenen Zeit,
sie schufen die Menschen, die Tugenden zierten:
Ein gold'nes Geschlecht wohnte friedlich auf Erden
und mühte sich nicht um die Ernte und Herden.

Die Erde, sie brachte die Früchte hervor,
die alle ernährten, ganz ohne Bemühen,
zwar gab es die Wolle, doch keinen der schor,
die Freundschaft der Höchsten war ihnen verliehen.
Kein Bauer, der Äcker mit Händen bestellt,
kein Feind, keine Kriege, die friedliche Welt.

Von Obstbäumen hingen die Früchte herab,
die Äpfel, Marillen, die sonnigen Kirschen,
sie fielen von selbst, keiner pflückte sie ab.
Die Glücklichen mussten nicht säen, nicht pirschen:
Sie hatten an Nahrung im Überfluss
und aßen gemeinsam mit höchstem Genuss.

Der goldene Honig, der floß von den Eichen,
sie leckten am Holz, und sie aßen sich satt.
Die Biene war friedlich, sie pflegte zu weichen,
wenn Menschen gekommen, verließ sie das Blatt.
Die Kühe, sie gaben die Milch aus den Eutern
den durstigen Kindern, man hörte kein Meutern.

In Freundschaft der Götter, ein gold'nes Geschlecht,
das lebte auf Erden ganz ohne Entbehrung,
war glücklich und pflegte mit Freuden das Recht
und brauchte dazu weder Schrift noch Belehrung.
Und mussten sie denn einmal von hier scheiden,
so schliefen sie ein, und sie mussten nicht leiden."

X. Ätna, der Vulkan

Am Rande des Vulkanes lagen sie:
Sandalen des Empedokles, des Dichters.
"Ich weiß, die Sizilianer wagen nie
zu weilen über Nacht am Rand des Trichters.
Der Ätna herrscht ja über weites Land
und ist gar oftmals voller Wut entbrannt.

Am Fuße des Vulkanes Blumenpracht,
so hoch wie Pferde wachsen wilde Blüten
in rot und blau und gelb, die Rebe lacht,
ein pfauenbunter Garten wie in Mythen.
Im Kloster vor dem Ätna duften Rosen
und Geißblatt wie auch wilde Aprikosen.

Der Abt kredenzt den allerbesten Wein
aus prallen Trauben, die gar süßlich schmecken.
Er lädt die Gäste gern zum Bleiben ein,
wenn sie sich vor dem Ätna nicht erschrecken.
Die Lava schuf die Fruchtbarkeit des Bodens
durch ihre Kraft, nicht durch die Kunst des Rodens."

- "Wer spricht zu mir mit tiefen Männerstimmen
vom Ätna, dessen Feuer aufwärts steigt
als Eruption, dass alle Wolken glimmen,
weil seine Lava sich am Himmel zeigt?
Sie sprechen zu mir in der alten Sprache,
ich lese sie in meinem Schlafgemache!"

Horaz, der Dichter, der den Namen nannte
und der Empedokles im Wahn beschrieben,

auch andere, die ich jedoch nicht kannte,
erzählten, wie die Lavafunken stieben.
Ein Berg, ein Krater, welche Feuermacht
gesetzt ist über reiche Inselpracht!

Doch einst, als die Titanen schon verstoßen
im Tartaros in ihren Fesseln lagen,
gebar die Erde einen von den Großen,
um Zeus und seine Götter zu verjagen.
Sie trug den Typhon, eine Riesenschlange
in ihrem Bauch und wartete gar lange.

Dann stand der Drache mit den vielen Köpfen
vor all den Göttern für den Endkampf auf:
Und es gelang Zeus, neue Kraft zu schöpfen,
er holte aus, es flog ein Blitz darauf.
Die Götter flohen nach Ägypten, wo
sie sich verwandelten in Katz und Floh.

Da schnitt der Typhon Zeus die Sehnen ab
und nahm den Gott gefangen, eine Höhle,
in der es weder Licht noch Sonne gab,
in der Zeus lebte. Gnade seiner Seele!
Nun griff Gott Hermes endlich rettend ein
und gab dem Zeus die Sehnen zum Gebein.

Und Zeus nahm eilig ein paar Donnerkeile
und schleuderte den Blitz auf diesen Drachen,
Das Ungeheuer floh in frommer Eile
und nahm sich Essen, wie es Menschen machen.

Nun dachte dieser Drache, seine Stärke
sei größer als die Götter, ihre Werke.

Er traf den Zeus und warf auf ihn die Steine,
die um ihn lagen, mit Eintageskraft,
doch stärkte ihn die Nahrung nur zum Scheine,
dann aber war das Drachentier erschlafft.
Da floh der Typhon in ein Inselreich
vor Zeus, dem Gott. Er war dem Gott nicht gleich.

Die Insel, die ich als Sizilien kannte,
war nun die Zuflucht eines Schlangentieres
mit vielen Köpfen, und ein jeder brannte,
besiegt von Zeus, der Kraft des Himmelsstieres:
Zeus warf den ganzen Ätna auf den Riesen,
aus dem die Lavaströme sich ergießen.

Der Typhon stöhnte unter dieser Last
und schrie und wütete mit aller Kraft,
dort unten wacht er und ist ohne Rast
und tobt zu mancher Zeit voll Leidenschaft:
Dann wirft er feuriges Gestein nach oben,
um Zeus die harte Rache zu geloben.

Seit dieser Zeit ist der Vulkan voll Feuer
und wütet wild auf dieser warmen Insel,
denn unter ihm tobt dieses Ungeheuer:
bald ist es Wut, bald ist es ein Gewinsel.
Die Mutter Gaia birgt in ihrem Schoß
das Schlangentier und lässt es nicht mehr los.

Das Feuer, es wütet im Inner'n der Erde,
sie schöpft aus dem Feuer die blühende Kraft,
damit alles Leben vergehe und werde
und in diesem Kreislauf das Neue erschafft.
Das Feuer brennt stetig im menschlichen Herzen
und spiegelt sich wider im Scheine der Kerzen.

Das Feuer des Geistes belebt alle Wesen
und schenkt erst die Liebe, die niemals vergeht,
es dringt durch die Welt, es belebt alle Thesen
vom Anfang, vom Ende und Wind, der verweht.
Denn alles, was wird, muss auch wieder vergehen
und nichts kann auf Erden für ewig bestehen.

Und doch ist im Feuer des Herzens ein Ahnen
von kommender Freude im ewigen Hain,
so lassen wir uns voller Demut ermahnen:
Es zählt nicht das Haben, es zählt nur das Sein!
Was einstmals getrennt war, verbindet die Liebe,
sie gründet den Tempel, sie wäscht alle Trübe.

Das Feuer der Liebe, es leuchtet den Armen,
sie treten gern ein in den reichen Palast,
sie scheuen die Kälte und sind gern im Warmen,
wo sie gleich ein himmlischer Schauder erfasst.
Was einstmals getrennt war, verbindet die Liebe,
sie eint alle Menschen, sie zähmt alle Triebe.

Das Feuer des Höchsten kommt auf diese Erde,
um jeglicher Seele den Fortgang zu zeigen,

kein Schaf geht verloren aus unserer Herde,
wenn wir uns am Ende zum Tode neigen.
Die Liebe nimmt Abschied, die Liebe wird finden,
wenn wir unser Dasein auf Liebe begründen.

Das Feuer der Liebe gleicht stark den Vulkanen,
im Innersten lodernd, wird niemals erkalten,
doch zähmt es der Geist, und er lenkt es in Bahnen
und wird es ein Leben lang feurig erhalten.
Wenn Liebe verlangt, für den andern zu sterben,
so wird sie es tun, ohne sich zu verderben.

Wir sind aus dem Schoße der Liebe geboren
und kommen in ein uns versprochenes Land.
Nicht einer, der ankommt, ist ewig verloren,
sofern seine Seele die Liebe erkannt.
Wir gehen in Liebe in jene Gefilde
des ewigen Lebens durch göttliche Milde.

Das Feuer der Seele wird ewiglich brennen
und sprechen mit allem, was uns dann umgibt,
wir werden das Weltall mit Namen benennen,
die jener uns vorsagt, der ewig uns liebt.
Kein Mensch, der die Hölle nie wieder verlässt,
denn nach seinem Tod kommt ein Freudenfest.

Das Feuer, das wir nach dem Tode verspüren,
ist Ferne von Gott, die wir schmerzlich erleiden,
doch wird es uns endlich zur Freude führen,
die Juden, die Muslims, die Christen, die Heiden.

Sie währen nicht ewig, es sind schlimme Qualen,
doch werden sie enden, es sind nur die Schalen.

Die Kabbalah zeigt uns die strahlenden Lichter
am Baume des Lebens, sie führen zur Wahrheit,
doch gibt es daneben noch böse Gesichter,
die Schalen verdüstern die göttliche Klarheit.
Der Zwilling des Höchsten, der höchste der Götzen,
will stets an die Stelle der Gottheit sich setzen.

Die Ferne von Gott ist das schmerzlichste Feuer,
in jener Entbehrung ist Weinen und Klagen,
darum ist das Feuer der Liebe uns teuer
und bleibt uns erhalten, bis wir nicht mehr fragen.
Wir wissen, das Kommende ist eine Zuflucht
für jeden, der wahrlich das liebende Du sucht.

"Der Sitz deiner Seele ist Feuer des Herzens,
sie löst ihre Fesseln, wenn sie endlich geht,
ermattet und müde des weltlichen Scherzens,
wenn sie vor der richtenden Gottheit steht:
'Was war denn im Dasein dein wahres Bestreben?
Und ist dieses recht, so mögest du leben!'"

KRÖSUS BEIM ORAKEL VON DELPHI

"Schreite über den Fluss: Ein mächtiger König wird stürzen.
Welch ein stolzes Reich! Es wird in Trümmer zerbersten."

C. M. Herzog, geboren in St. Pölten, Austria; Studium
begonnen Spanisch, abgeschlossen Englisch,
Französisch an der Universität Wien; Italienisch,
Neugriechisch; Studien der Antike: Latein,
Altgriechisch; Studien der chinesischen Sprache und
Kultur; Arabisch, Hebräisch; ehemals Autor für das
Wiener Journal (06/1993-06/94); Beiträge für
Literaturzeitschrift etcetera 67/2017, "Nezha und das
tosende Meer", etcetera 71/2018, "Meine arabische
Quelle aus dem Qur'an"; etcetera 72/2018, "Der
Götterschmied" (Lyrik). Ab urbe condita (Autor: Titus
Livius, Latein, Ed. C. M. Herzog), Libri XXXIX-XLI,
XLII-XLV, XLVI-CXL; Herodoti Historiae (Autor:
Herodotus Halicarnasseus, Altgriechisch, Ed. C. M.
Herzog).

C. M. Herzog (German literature):

1. ARIADNE & THESEUS, GEDICHTE

C. M. HERZOG, VERLAG DIE BLAUE EULE, BD. 57

2. DIE VERWANDELTE WELT, LYRIK IN HEXAMETERN

C. M. HERZOG, VERLAG DIE BLAUE EULE, BD. 58

3. HARTMANN DER MÖNCH, DICHTUNG IN GESÄNGEN

C. M. HERZOG, VERLAG DIE BLAUE EULE, BD. 61

4. WEISHEIT UNTER DER SONNE, DRAMA IN FÜNF AKTEN

C. M. HERZOG, VERLAG DIE BLAUE EULE

5. DER ZAUBER DER ANTIKE, GEDICHTE

C. M. HERZOG, VERLAG BOD

ISBN: 9 7837 32 286256

6. DER PRACHTFINK, SATIRISCHE GEDICHTE

C. M. HERZOG, VERLAG BOD

ISBN: 9 7837 39 237350

7. DER STEINEICHE GOLDENE ZWEIGE

C. M. HERZOG, VERLAG BOD

ISBN: 9 7837 44 801263 (Paperback)
ISBN: 9 7837 44 817516 (Hardcover)

8. MEISTER DER STEINERNEN LEUEN

C. M. HERZOG, VERLAG BOD

ISBN: 9 7837 46 098142 (Paperback)
ISBN: 9 7837 46 074016 (Hardcover)

9. APHRODITE LIEBT URANOS

Ballade

C. M. HERZOG, VERLAG BOD

ISBN 9 783750 426924 (Paperback)

C. M. Herzog (philosophy in German):
10. DAS FEUER DER WEISEN

Philosophische Weltbetrachtung aus dem Reichtum der Antike

C. M. HERZOG, H. C. AURELIUS

VERLAG DIE BLAUE EULE, BD. 61

11. DER TEMPEL DER SEELENRUHE

Weisheiten der Antike aus Ost und West

C. M. HERZOG, AL-MALIK SALOMON

VERLAG DIE BLAUE EULE, BD. 63

Titus Livius (Ab urbe condita):
12. AB URBE CONDITA

Lib. XLVI-CXL epitomae et fragmenta

ED. C. M. HERZOG, VERLAG BOD

ISBN: 9 783748 142065 (Paperback)

13. AB URBE CONDITA

Libri XXXIX-XLI

ED. C. M. HERZOG, VERLAG BOD

ISBN: 9 783749 430338 (Paperback)

14. AB URBE CONDITA

Libri XLII-XLV

ED. C. M. HERZOG, VERLAG BOD

ISBN: 9 783749 448852 (Paperback)

Herodotus Halicarnasseus (Historiae):
15. HERODOTI HISTORIAE

Liber I

ED. C. M. HERZOG, VERLAG BOD

ISBN: 9 783746 074290 (Paperback)